Claudia S. „Du bist dein Heiler"

INHALT

Vorwort   **4**

Kapitel 1

Rückblicke in die Vergangenheit   **6**

Mein schlimmster Tag im Leben
und trotzdem ein Weihnachtswunder   **6**

Die erste große von mir selbst
herbeigeführte Veränderung   **10**

Wie geht man konkret vor bei einer
Zielformulierung?   **11**

Praktische Anleitung Zielarbeit   **12**

Meilensteine der Veränderung   **14**

Quantensprünge der Veränderung   **19**

Claudia S. „Du bist dein Heiler"

Kapitel 2

Wege zur körperlichen, geistigen und seelischen Gesundheit

Der Weg zum mentalen Bewusstsein	**27**
Die bewusste Bauchatmung	**30**
Das neurogene Zittern	**31**
Die Klopftherapie	**33**
Erschaffung der eigenen Realität mit Hilfe von Gedanken und Emotionen	**35**
Praxisbeispiel Gedanken /Emotionen	**39**
Verbindung mit deinem höheren Selbst	**44**
Der Weg zum körperlichen Wohlbefinden	**45**
Übungen zur Gesunderhaltung der Wirbelsäule	**47-53**
Das Wunder meiner Knieheilung	**55**
Heilen mit Aurachirurgie	**62**

Claudia S. „Du bist dein Heiler"

Körperlich gesund bleiben ohne
Schulmedizin, geht das? **66**

Du bist, was du isst **75**

Nahrungsergänzungsmittel **81**

Entgiftung **83**

Wasser, Quelle des Lebens **85**

Kapitel 3

Weitere Tipps für ein erfülltes Leben **86**

Nachwort **94**

Infos zu meiner Person **96**

Claudia S. „Du bist dein Heiler"

Vorwort

    Lieber Leser, liebe Leserin dieses Buches. Dieses Buch ist dir nicht durch Zufall in die Hände gefallen. Nein, es ist dir zugefallen. Du warst auf der Suche nach einem Buch, das dir Möglichkeiten aufzeigt, dein Leben selbstbestimmter, freier und im Einklang mit Geist, Körper und Seele zu leben. Ich möchte mit dir auf eine Reise gehen. Eine Reise in die wundervolle Welt der Magie und des Möglichen. Wir sind die Schöpfer unseres Seins und haben alles in uns, um ein freudvolles Leben zu führen. Es ist leichter als du denkst.

    Ich werde vieles aus meinem Leben einfließen lassen und dir vieles erzählen, das dich vielleicht auch an dein Leben erinnert.

    Ich kenne das Gefühl, in einer Sackgasse zu sein und nicht entfliehen zu können, seelisch, körperlich, geistig am Ende. Ich möchte dich bestärken, dass dein Leben das Beste ist, was dir passieren konnte,

Claudia S. „Du bist dein Heiler"

auch wenn es im Moment gar nicht so danach aussieht. Ich zeige dir Wege, um aus der Leere, der Depression oder des Weltverdrusses herauszufinden. Als Körpertherapeutin und geistige Heilerin war ich immer auf der Suche nach MEHR. Was gibt es noch zwischen Himmel und Erde? Wer sind wir wirklich und wie können wir uns entfalten? Was ist unsere Bestimmung?

Ich habe dieses Buch geschrieben, damit du nicht so viel Zeit wie ich vergeudest in deinem wertvollen Leben, sondern dein Leben jetzt startest. In Liebe, Dankbarkeit und Freude.

Das Buch ist angereichert mit Übungen zur Visualisierung deines neuen Ich, mit praktischen Tipps zur Gesunderhaltung deines Körpers und deines Geistes.

Nachdem ich ein Fan der alten Rechtschreibung bin, gendere ich hier nicht, spreche aber in meinen Ausführungen immer weiblich und männlich an.

Ich habe mich fürs „Du" entschieden, nicht aus Unhöflichkeit, sondern weil ich mich mit den Lesern dieses Buches auf eine kollegiale Ebene begeben möchte.

Und nun wünsche ich dir viel Freude beim Lesen und beim Entdecken der unendlichen Möglichkeiten des Seins.

In Verbundenheit, Claudia

Claudia S. „Du bist dein Heiler"

Rückblicke in die Vergangenheit

Mein schlimmster Tag im Leben, der 23.12.1993 und trotzdem ein Weihnachtswunder

In diesem Jahr war ich einundzwanzig Jahre alt, hatte meine Ausbildung als Volksschullehrerin beendet und startete als Erzieherin bei einem weiblichen Orden in Graz. Ich fühlte mich unwohl in dem Beruf, unsicher, hatte kein Selbstvertrauen in meine Fähigkeiten, und in der Liebe wollte es auch nie klappen. Es gab zahlreiche Alkoholexzesse, viele Männerbekanntschaften, meist unter Alkoholeinfluss und immer mit dem Gefühl, ich bin es nicht wert, geliebt zu werden. Was die Männer angeht, lebte ich nach dem Muster „Ich liebe dich nicht, wenn du mich liebst". Weil ich diese Liebe gar nicht aushalten konnte bzw. viel zu viel Angst hatte, sie vielleicht wieder zu verlieren. Das war mir nur damals nicht bewusst, dass es sich dabei um ein Muster handelt. Damals verliebte ich mich in einen

Claudia S. „Du bist dein Heiler"

Mann, der sich jedoch nicht näher auf mich einlassen wollte. Am 23.12., auf einer Party, gab er mir den Laufpass. Es war der Auslöser für meinen kompletten Zusammenbruch. Ich nahm an diesem Abend alles an Tabletten und Alkohol, was ich zu Hause hatte und wollte so meinem Leben ein Ende setzen. Dann setzte ich mich ins Auto und fuhr in Richtung Norden auf die Autobahn und kam ca. 10 km weit. An die Fahrt kann ich mich nicht erinnern. Ich erinnere mich erst wieder, als ich im Schnee lag, ohne Jacke und es warm wurde. Das ist der Zeitpunkt kurz vor dem Erfrieren. Dann kann ich mich noch an drei junge Menschen erinnern, die mich gefunden haben im Schnee auf der Autobahnraststätte. Sie verständigten die Rettung und ich wurde in ein umliegendes Krankenhaus gebracht. Dort dachte ich dann wirklich, dass ich sterben müsste, als mir auf eine sehr unsanfte Weise der Magen ausgepumpt wurde. Ich dachte, ich muss ersticken, schlug wie wild um mich. Zwei Krankenpfleger hielten mich fest und ein Arzt stieß mir den Schlauch immer wieder durch meine

Claudia S. „Du bist dein Heiler"

Speiseröhre in den Magen. Und er ging nicht zimperlich dabei vor.

Nach dieser Tortur wurde ich auf die Intensivstation verlegt. Sie sagten mir, dass ich maximal noch eine halbe Stunde bei der Kälte überlebt hätte.

Die drei Menschen, die mich gefunden haben, waren meine Engel und es sollten nicht die einzigen Engel in dieser Nacht sein. Eine Krankenschwester wachte die ganze Nacht neben mir am Bett, hielt mir meine Hand und tröstete mich. Sie redete mir gut zu, ich kann mich noch an folgende Worte erinnern. „Mäderl, schmeiß doch nicht dein Leben so jung weg. Du wirst sehen, es geht wieder bergauf und der Richtige kommt auch noch."

Ich bekam dann auch noch eine Weihnachtsamnestie in der psychiatrischen Klinik, in der ich drei Tage unter Beobachtung sein hätte sollen und verbrachte Weihnachten mit meiner Familie.

Mein Führerschein wurde für zwei Jahre befristet und ich musste mich einer Therapie unterziehen, die mir damals die Chance für einen neuen Anfang bot. Es handelte sich um eine Gesprächstherapie, die zwar sinnvoll ist, um sich einiger Dinge bewusst zu werden, aber nur einen kleinen Schritt auf dem Weg zu sich selbst darstellt.

Die erste große von mir selbst herbeigeführte Veränderung

Mit der Magie der Zielarbeit kam ich knapp unter dreißig Jahren im Zuge einer NLP Practitioner Ausbildung in Berührung. Wir hatten einen Psychotherapeuten als Ausbildner und übten uns u.a. in Zielarbeit. Ich lernte, dass Ziele in der Gegenwart formuliert sein müssen, so als hätten wir sie schon erreicht. Ganz wichtig ist auch die positive Formulierung der Ziele. Keine Verneinungen. Nicht versteht unser Gehirn nicht. Versuch mal nicht an ein Krokodil zu denken. Es wird dir nicht gelingen.

Claudia S. „Du bist dein Heiler"

Wie geht man konkret vor bei einer Zielformulierung?

Zunächst einmal ist es wichtig, sich bewusst zu werden, was man genau erreichen will. Nennen wir es eine Vision. Eine Vision von unserer Zukunft.
Ich hatte damals die Vision eines neuen Berufs. Ich wusste, dass ich mit Menschen arbeiten, möglichst viel Freiraum in meiner Arbeit haben und gutes Geld verdienen wollte. Mir kam die Idee, dass Personalberaterin ein interessanter Job für mich wäre. Dann schrieb ich mir die notwendigen Schritte auf, um dorthin zu gelangen und manifestierte das Bild von mir als Personalberaterin in meiner Vision.
Ich machte einen Computerkurs und schrieb Initiativbewerbungen, wobei ich anfangs nur Absagen bekam, weil ich keine kaufmännische Ausbildung hatte. Aufgeben kam mir aber nicht in den Sinn und ich schrieb weitere Bewerbungsschreiben an Personalberatungsfirmen.

Claudia S. „Du bist dein Heiler"

Und eines Tages meldete sich die Chefin des kaufmännischen Bereichs einer großen Personalberatungsfirma telefonisch bei mir. Wir spürten sofort die Sympathie über das Telefon und vereinbarten einen Vorstellungstermin. Obwohl ich keine kaufmännische Ausbildung hatte, bekam ich den Job aufgrund der Sympathie zwischen uns.

Meine Vision hat sich erfüllt.

Praktische Anleitung Zielarbeit

Nimm dir einen Zettel zur Hand und überleg dir eine Zukunftsvision. Was möchtest du erreichen, wie willst du leben, was sind deine Wünsche. Mittels Brainstorming schreibst du alles, was dir in den Sinn kommt, nieder und ordnest dann diese Gedanken. Wo zieht es dich am meisten hin, wofür brennst du?

Claudia S. „Du bist dein Heiler"

Such dir das wichtigste Ziel für dich aus und schreib deine Vision nieder. Zum Beispiel: Ich möchte eine Partnerschaft.

Jetzt ist es wichtig, dass du genau niederschreibst, wie du dir diesen Partner vorstellst. Wie soll er aussehen, wie soll er sein. Vergiss nichts, was dir wichtig ist.

Dann überlegst du dir, wie du nun konkret dieses Ziel erreichen kannst. Eine Möglichkeit wäre, sich bei Partnerbörsen zu registrieren, mehr unter Leute zu gehen, oder Veranstaltungen zu besuchen. Versuche mit allen Sinnen zu erfassen, wie es sich anfühlt und geh dabei in höhere Emotionen der Dankbarkeit, der Liebe, der Lebensfreude, der Begeisterung.

Wenn du in der höheren Emotion bist, erhöht sich deine Energie und du ziehst deine Visionen an. Das heißt, du erschaffst deine Realität mit deinen Gedanken in Verbindung mit deinen Emotionen. Darauf kommen wir im Praxisteil noch ausführlicher zu sprechen.

Claudia S. „Du bist dein Heiler"

Meilensteine der Veränderung

Fortan wusste ich, wie ich mir Ziele setze und meine Wünsche und Visionen wurden Realität.

Ich möchte euch von den wichtigsten erzählen und wie ich sie erreicht habe.

Während meiner Tätigkeit als Personalberaterin hatte ich einen schlimmen Unfall, wo ich mir einen Kreuzband- und Meniskusriss im rechten Knie zuzog. Ich war nach meiner OP in physiotherapeutischer Behandlung bei einem freiberuflichen Therapeuten. Ich war schon immer ein sportlicher, bewegungsfreudiger Mensch und mir kam der Gedanke, dass Physiotherapie genau der richtige Beruf für mich wäre. Nachdem mich der Gedanke nicht mehr losließ, beschloss ich mit meinen vierunddreißig Jahren, die Aufnahmeprüfung auf der Fachhochschule zu versuchen. Ich wusste, dass es nicht leicht werden würde und bereitete mich sehr gut auf den Aufnahmetest vor. Außerdem imaginierte ich

Claudia S. „Du bist dein Heiler"

bereits, dass ich Physiotherapeutin bin. Und tatsächlich, es klappte. Von den achthundert Bewerbern und Bewerberinnen, bekam ich als eine von fünfundvierzig die Zusage.

Wie ihr seht, habe ich wieder meine Vision zu einer Realität gemacht. Zuerst ist immer der Gedanke, dann die Vision und dann die Schritte, um diese Vision zu erreichen. Das geht nicht von alleine. Natürlich müsst ihr auch was tun dafür. So wie ich mich in diesem Fall gründlich auf den Aufnahmetest vorbereitet habe.

Ein weiterer Meilenstein der Veränderung betrifft meinen Hund Pauli. Als kinderlose Frau hat man, denke ich, irgendwann den Wunsch, etwas in seinem Leben lieb zu haben und sich um etwas zu kümmern. Ich hatte weder einen Partner, noch ein Kind und so rückte ein Hund an diese Stelle. Und wie der Hund in mein Leben kam, ist eine sehr spannende Geschichte, die zeigt, dass auch Träume sich materialisieren können.

Eines nachts träumte ich von einem Pauli, einem Minischwein. Der Traum war sehr intensiv und ich

Claudia S. „Du bist dein Heiler"

war voller Liebe für dieses Minischwein. Als ich aufwachte, hatte ich Tränen in den Augen. Ich beschloss, auf die Suche nach einem Minischwein zu gehen und fand eine Züchterin in Tirol. Aber nach der ersten Euphorie, kam ich dann doch zu der Überzeugung, dass ich in meiner Wohnung mit Minigarten keinen Platz für so ein Schwein hatte. Trotzdem ließ mich der Gedanke an ein Tier zum Liebhaben und Kümmern nicht mehr los. Ich wollte als Kind immer einen Hund haben, am liebsten einen Border Collie. Sie zählen zu den intelligentesten Rassen und haben mich seit der Serie „Fünf Freunde mit Timmi, dem Hund", immer schon fasziniert. Also bin ich auf die Suche nach einer Züchterin gegangen und hab dann meinen Pauli im Internet gefunden. Mittlerweile ist er acht Jahre und das Beste, was mir in meinem Leben passiert ist. Auch wenn die Anfangszeit mehr als hart war.

Wenn eure Wünsche sich erfüllen, kann es sein, dass ihr auch mit Anfangsschwierigkeiten zu rechnen habt, so wie ich anfangs mit Pauli. Ich war

Claudia S. „Du bist dein Heiler"

total überfordert. Da war auf einmal ein Lebewesen in meinem Leben, das ständig meine Aufmerksamkeit brauchte und mich anfangs mehr stresste, als dass ich Freude empfunden hätte. Gleichzeitig hatte ich deswegen ein schlechtes Gewissen, weil ich mich ja eigentlich freuen hätte sollen. Es dauerte ca. acht Monate bis sich alles gut einspielte und sich auch mein Herz öffnete. Ein Zusammenwachsen braucht Zeit, und Pauli ist mein größter Lehrmeister. Auch was Geduld angeht. Vor Pauli war ich ein ungeduldiger Mensch, dem alles nicht schnell genug gehen konnte. Pauli hat mich gelehrt, dass, wenn ich ungeduldig bin, er erst recht nicht das macht, was ich will. Er spiegelt mich. So wie es auch Kinder tun.

Wünsche offenbaren sich oft auch in Träumen. Wenn euch ein Traum nicht loslässt, geht ihm nach.

In meinem Fall ist Pauli für mich ein Geschenk des Himmels und er hat mich definitiv zu einem besseren Menschen gemacht.

Auch meine erste eigene Praxis als Physiotherapeutin habe ich mir über eine Vision erschaffen. Ich stellte mir das Schild auf der Hausmauer vor, wie wohl ich mich in meiner Praxis fühlte und dass ich genug Patienten hatte. Davor war ich bei Ärzten eingemietet, was anfangs auch seine Vorteile hatte, um zu Klienten zu kommen, aber langfristig wollte ich dann doch mein eigenes Reich haben und noch mehr Unabhängigkeit.

Als die Zeit dafür reif war und nachdem ich bereits meine Vision der eigenen Praxis niedergeschrieben hatte und sie mir im Geiste vorstellte, war sie plötzlich da. Ich wurde auf eine Anzeige aufmerksam, nahm sofort einen Termin mit einer Maklerin wahr und hatte Erfolg. Ich wusste sofort beim Betreten der Räumlichkeiten, dass sie perfekt für meine Zwecke war.

Mittlerweile bin ich seit 2019 in meiner Praxis und genieße sie wie am ersten Tag.

Claudia S. „Du bist dein Heiler"

Quantensprünge der Veränderung

Ich war schon früher interessiert an Spiritualität und Metaphysik, aber habe es noch nicht richtig in mein Leben gelassen. Dann kam Corona und alles änderte sich schlagartig. Das Spannende war, dass ich kurz davor von einem Weltuntergang träumte, und eine Woche später hatten wir den ersten Lockdown. Mich machte das alles von Anfang an stutzig und ich war erschüttert, wie schnell sich ein Leben ändern kann.

Meine eigene Praxis hatte ich gerade erst einmal ein halbes Jahr geöffnet und musste sie für zwei Monate schließen. Damals war noch nicht klar, wie und ob ich überhaupt weiterarbeiten kann und woher das Geld für die laufenden Zahlungen kommen soll.

Meine kleine Welt war erschüttert. Zu meinem Glück zählte man mich zu den systemrelevanten Berufen und ich konnte nach den zwei Monaten wieder arbeiten.

Claudia S. „Du bist dein Heiler"

Dann kam die `Impfung` und ich wusste damals bereits, dass eine unglaubliche Propaganda hinter all dem steckte und es war mir klar, dass ich mich niemals mit dieser unzureichend getesteten Substanz impfen lassen würde. Außerdem vertraute ich den regierungsunabhängigen Experten, die eine ganz andere Sicht auf die Dinge hatten.

Mein Fehler war zu dieser Zeit allerdings, dass ich andere Menschen missionieren wollte. Ich war sehr aktiv auf den sozialen Medien und eckte überall an. Teilweise haben sich auch Freunde von mir abgewandt. Ich konnte nicht fassen, dass andere Menschen den Wahnsinn, der sich vor meinen Augen abspielte, nicht sahen. Das alles raubte mir sehr viel Energie, ich fühlte mich leer und war kurz vor einem Burnout.

Meine Rettung war eine einmonatige Reise im August 2021 nach Dänemark mit meinem Bus und meinem Hund Pauli. Und ich hatte das richtige Buch mit im Gepäck. `Werde übernatürlich` von Dr. Joe Dispenza. In Dänemark erlebte ich wieder Normalität, konnte als Ungeimpfte in jedes Lokal

Claudia S. „Du bist dein Heiler"

gehen, fühlte mich wieder frei. Das Buch kam im richtigen Moment zu mir. Es war an der Zeit, sich vom Außen wegzubewegen und Innenschau zu betreiben. Ich begann mich mit positiven Gedanken und positiven Emotionen zu stärken. Ich verstand, warum viele Menschen nicht das Gleiche wahrnehmen wie ich. Wir sind alle auf unterschiedlichen Bewusstseinsebenen, doch ist jetzt die Zeit, um den Weg zu sich anzutreten. Den Weg zu unserem eigentlichen Selbst. Wir sind viel mehr als nur unser Körper. Wir sind reines Bewusstsein. Und wir sind verbunden, ein Kollektiv. Einige sind noch nicht bereit, den Weg mitzugehen, einige merken, dass ein Wandel im Gange ist und einige sind bereits mitten am Weg.

Es gibt Mächte, die uns spalten wollen, um uns zu schwächen und leichter kontrollierbar zu machen. In links und rechts, in schwarz und weiß, in gut und böse. Die Zeit ist im Umbruch, Chaos beherrscht die Welt und es wird Zeit für uns, unsere wahre Bestimmung zu leben.

Claudia S. „Du bist dein Heiler"

Wir wünschen uns alle Frieden auf dieser Welt. Wir wollen in Einklang mit der Natur und den Tieren leben. Das Gute überwiegt im Menschen, da bin ich mir sicher. Darum ist es gerade jetzt so wichtig, dass wir uns nicht spalten lassen und das Spaltende überwinden. Für ein höheres Ziel, um diesen Planeten in seiner Energie anzuheben. Die Zeit ist reif für ganz andere Systeme. Systeme, wo wir Menschen in Freiheit und in unserer vollen Verantwortung leben können. Daher ist es so wichtig, dass wir uns auf unsere Verantwortung besinnen und unsere Verantwortung nicht abgeben, denn ansonsten wird über uns bestimmt.

Was mich vor allem treibt, dieses Buch zu schreiben, ist meine Vision der Freiheit für uns Menschen. Ich möchte einen Teil dazu beitragen, unserer wahren Bestimmung einen Schritt näher zu kommen und vielleicht einige aufzuwecken, die dieses Buch lesen.

Ein weiterer Quantensprung der Veränderung betrifft meinen zweiten schweren Schiunfall. Beim ersten im Jahre 2004 hatte ich einen Kreuzband-

Claudia S. „Du bist dein Heiler"

und Meniksusriss im rechten Knie und wurde operiert. Leider ging die OP nicht gut und ich hatte vier Jahre lang Probleme, bis mir 2008 der innere Meniskus komplett entfernt wurde. Im Jahr 2021 ereilte mich ein weiterer schwerer Schiunfall mit einer unhappy Triad im rechten Knie, d.h. Kreuzbandriss, Meniskusriss und Seitenbandriss, und im linken Knie hatte ich einen Wadenkopfbeinbruch.

    Ich entschied mich gegen eine Operation und arbeitete jeden Tag ca. zwei bis drei Stunden an der Genesung meiner Kniegelenke. Ich machte viel energetische Übungen, stellte mir die Heilung mental vor und übte jeden Tag. Nach zwei Monaten habe ich wieder meinen ersten Berg bestiegen. Ohne Schmerzen. Ein Wunder, könnte man meinen. In meinem praktischen Teil werde ich euch genau beschreiben, wie ich dieses Wunder erreicht habe.

    Die letzten drei Jahre, und dafür bin ich der Corona Zeit dankbar, waren für mich Quantensprünge in ein neues Bewusstsein auf dem

Claudia S. „Du bist dein Heiler"

Weg zu mir. Auch wenn Krisen noch so heftig erscheinen, sie können dein Booster zu einem besseren, selbstbestimmteren Leben sein.

Nichts passiert zufällig. Und oft werden wir im Leben z.B. durch Unfälle immer und immer wieder, wie auch in meinem Fall, auf Dinge hingewiesen, die wir verändern sollen. Es ist nicht immer leicht draufzukommen, worin diese Veränderung liegt und das Positive in der Krise zu finden. Glaubt mir, es zahlt sich aus, hier auf die Suche zu gehen. Wie macht ihr das?

Stellt euch Fragen. Z.B. die Frage „was soll mir diese Krise zeigen" oder „welcher mögliche Konflikt steckt hinter dieser Krise"? Konflikte spielen eine sehr große Rolle bei Erkrankungen, aber auch bei Unfällen.

In jedem Fall wird man durch einen Unfall oder eine Erkrankung ruhiggestellt, was uns darauf hinweist, dass wir zur Ruhe kommen und Innenschau betreiben sollen.

Claudia S. „Du bist dein Heiler"

Mit dieser kleinen Einführung aus meinem Leben, möchte ich nun zum Hauptanliegen meines Buches kommen.

Wie schafft ihr es, euer Heiler zu werden und Verantwortung für euer Leben und eure Gesundheit zu übernehmen?

Ich teile den praktischen Teil in drei Teile, die für mich alle drei entscheidend sind, um ein zufriedenes, gesundes, freudvolles Leben zu führen.

Im ersten Teil geht es um den Aufbau der mentalen Kraft, um den Weg zu eurem Bewusstsein. Diesen Teil sehe ich als wichtigsten Teil an.

Im zweiten Teil gebe ich euch Tipps für die Gesunderhaltung eures Körpers und werde euch auch verraten, wie ich mich so gut von meinem schweren Unfall erholen konnte.

Im dritten Teil möchte ich euch Anregungen zu einer bewussten Ernährung geben. Ich verrate euch, wie ich meinen Darm saniert habe, wie ich

Claudia S. „Du bist dein Heiler"

mich entgifte, wie ich mich mit Ernährung und Nahrungsergänzungsmitteln gesund erhalte.

Ernährung ist eine umstrittene Thematik und es gibt viele verschiedene Ansichten. Mein Anliegen ist es, euch ein paar Anregungen zu geben. Ich denke, es ist für alle etwas dabei, auch wenn nicht alles für jeden passt. Hier möchte ich euch lediglich zeigen, wie ich es geschafft habe, meinen Körper gesunden zu lassen. Bei Ernährung spielt auch oft das Trial und Error Verfahren eine Rolle. Nicht alles was für A gut ist, muss auch für B gut sein. Aber je besser ihr euren Körper kennenlernt und je mehr ihr auf Warnzeichen, wie z.B. Sodbrennen, achtet, desto leichter wird es, sich gesunden zu lassen.

Claudia S. „Du bist dein Heiler"

Der Weg zum mentalen Bewusstsein

In einer Welt, wo sich alles um Leistung, Äußerlichkeiten, Geld und Macht dreht, wird es immer schwieriger, den Weg zu sich und seinem wahren Sein zu finden. Wir sind abgelenkt vom Außen. Es ist beinahe wie in dem Film „und täglich grüßt das Murmeltier".

Unser westlicher Alltag gestaltet sich meist sehr einseitig, ohne großartige Veränderungen, bis vielleicht auf die Urlaubswochen im Jahr. Wir stehen auf, gehen zur Arbeit, machen unsere Hausarbeit, gehen schlafen. Die einzige Entspannung findet oft vor dem Fernseher statt. Ein Hamsterrad, in dem sich die meisten von uns befinden. Selten wird unser Alltag von Highlights unterbrochen. Und viele fühlen sich gehetzt, gestresst, ernähren sich ungesund, betreiben wenig Sport, haben keine Zeit für sich.

Das macht auf Dauer krank. Die sogenannten Zivilisationskrankheiten steigen immens an. Der dauernde Stress führt zu permanenten Cortisol- und Adrenalinausschüttungen, was zu Entzündungen führt und zusammen mit der falschen, zu zuckerreichen Ernährung zu Krankheiten wie Diabetes, Herzkreislauferkrankungen und Krebs.

Wie gelingt es nun aus diesem Hamsterrad auszusteigen und sich mehr Zeit für sich selbst zu nehmen? Wie schaffen wir es in dieser hektischen Zeit, unseren Ruhenerv, den Vagus zu stärken? Und wie können wir Akzente setzen, um nicht das Gefühl zu haben, dass jeder Tag dem anderen gleicht?

Meine Oma hat mich gelehrt, auf die kleinen Dinge des Lebens zu achten. Wenn eine Spinne an ihrem Fenster ein Netz gesponnen hat, hat sie mir das freudig gezeigt. „Schau, wie schön die Spinne dieses Netz spinnt". Die Natur bietet so vieles an schönen Dingen, die wir oft in unserer Hektik gar nicht mehr wahrnehmen. Wann hast du das letzte Mal bewusst an einer Blume gerochen oder hast den Duft des Waldes wahrgenommen? Wie fühlt es sich an, wenn Sonnenstrahlen deine Haut wärmen?

Claudia S. „Du bist dein Heiler"

Oder wenn du barfuß durch einen Bach gehst? Wann hast du das letzte Mal einer dir unbekannten Person auf der Straße zugelächelt? Durch aktives Wahrnehmen von all den Schönheiten, die uns die Natur und auch Menschen und Tiere zu bieten haben, beginnen wir uns wieder mehr zu freuen und glücklich zu fühlen. Ich bin jeden Tag mit meinem Hund Pauli für mindestens eine Stunde im Wald. Dort hole ich mir die Kraft für meinen Alltag, weg vom Stress der Stadt.

Wenn du im Stress bist, ist dein vegetatives Nervensystem unausgeglichen. Dein Sympathikotonus ist zu hoch und dein Körper ist auf Flucht geschalten. Darum gilt es seinen Ruhenerv, den Vagus zu stärken. Alles, was dich entspannt, kommt hier in Frage, wie zum Beispiel Wärme, spazieren gehen in der Natur, meditieren. Ich möchte dir hier drei sehr effektive Methoden vorstellen, um deinen Vagus zu stärken.

Claudia S. „Du bist dein Heiler"

Die bewusste Bauchatmung (4-4-8)

Leg dich flach auf eine Matte und lege deine Hände auf den Bauch. Du atmest jetzt über die Nase, indem du gedanklich bis 4 zählst, tief in deinen Bauch ein. Dann hältst du die Luft an und zählst wieder bis 4 und atmest im Anschluss mindestens bis 8 über die Lippenbremse aus. Deine Gedanken konzentrieren sich dabei auf deine Atmung. Du kannst dir dabei auch vorstellen, dass du heilendes Licht einatmest und Stress aus dir ausatmest. Wenn du das täglich machst, tust du unglaublich viel für dein Vegetativum. Abgesehen davon, versorgst du mit der Bauchatmung deinen Körper viel besser mit Sauerstoff. Die meisten von uns atmen zu flach und nur im Brustkorb. Dadurch sind wir unterversorgt. Du solltest auch keine zu enge Kleidung anhaben, die dich beim Atmen behindert. Mach, wenn du sitzt z.B. deinen obersten Hosenknopf auf.

Claudia S. „Du bist dein Heiler"

Das neurogene Zittern, um Stress und Anspannung aus deinem Körper abzuzittern

Unser Nervensystem ist, wenn wir es ausrollen, so groß wie ein Fußballfeld und speichert alles an Emotionen, die guten und auch die nicht guten. Das neurogene Zittern ist eine wunderbare Möglichkeit, um Anspannungen aus deinem Nervensystem zu bringen.

Vielleicht hast du das sogar schon einmal erlebt nach einem Schock. Der Körper zittert nach einem Schockerlebnis den Stress ab. Das Gleiche passiert auch nach Narkosen, die ebenfalls traumatisch für uns sind.

Du legst dich auf eine Matte, winkelst die Knie an, deine Füße sind Sohle an Sohle und hebst dein Becken an. Jetzt bist du in der Brücke. Diese Position hältst du so lange bis es anstrengend wird und legst dann dein Gesäß wieder ab. Du lässt aber die Knie angewinkelt und die Fußsohlen aneinander. Dann lässt du deine Knie

Claudia S. „Du bist dein Heiler"

auseinanderfallen, die Fußsohlen bleiben aber aneinander. Nun näherst du deine Knie ganz langsam an, indem du deine Adduktoren spannst. Bis du ein Zittern spürst. Du lässt dieses Zittern zu. Wenn es schwächer wird oder aufhört, wiederholst du spielerisch diesen Vorgang.

Alles ganz langsam. Spüre hin. Es kann sein, dass du ganz wild zu zittern beginnst, oder eher leicht. Das solltest du jeden Tag oder zumindest jeden zweiten Tag für 10 Minuten machen.

Nach einem Monat solltest du spätestens positive Veränderungen bemerken. Du bist entspannter, nicht mehr so gestresst, ruhiger. Probiere es aus. Anleitungen dafür kannst du auch im Internet finden.

Claudia S. „Du bist dein Heiler"

Die Klopftherapie

Mit dieser Methode kannst du Stress und Anspannung aus deinem Körper abklopfen. Es gibt mehrere Klopfstellen am Körper, aber oft reicht die eine unter den beiden Schlüsselbeinen. Dort befindet sich der Nierenpunkt. Das Sprichwort, es geht einem an die Nieren, kommt nicht von ungefähr.

Du klopfst mit zweitem bis fünftem Finger mit beiden Händen unter den beiden Schlüsselbeinen. Zusätzlich kannst du dir den Stress oder den Ärger oder auch den Schmerz als schwarze große Kugel vorstellen, die mit dem Klopfen immer kleiner wird.

Diese Technik kannst du auch jederzeit anwenden, wenn dich irgendetwas oder jemand aufregt. Du wütend bist oder traurig.

Du kannst damit auch alte negative Emotionen aus deinem Körper klopfen. Wichtig ist nur, dass du, während du klopfst, in die Emotion gehst. Klopf dich frei!

Um dir dann positive Affirmationen einzuklopfen, klopfst du mit der Faust auf deine Thymusdrüse, die sich unter dem oberen Teil des Brustbeins befindet. Das machen auch die Affen, wenn sie sich stärken.

In der Thymusdrüse werden die T- Lymphozyten produziert, und so stärkst du auch dein Immunsystem.

Du kannst dir damit positive Gedanken und Visionen einklopfen, wie z.B. ich schaffe das, es geht mir jeden Tag besser und besser, ich bin frei für die Fülle des Lebens.

Claudia S. „Du bist dein Heiler"

Erschaffung der eigenen Realität mit Hilfe von Gedanken und Emotionen

Es geht darum, wie du dir mit Gedanken in Verbindung mit positiven Emotionen deine Realität schaffen kannst. Ja, es funktioniert wirklich. Du brauchst nur Disziplin und Konsequenz im täglichen Üben.

Du startest, indem du beginnst, deine Gedanken zu beobachten, und wenn du merkst, dass du negative Gedanken hast, lässt du sie ziehen und schenkst ihnen keine Aufmerksamkeit mehr. Wenn du negativ über eine Person denkst, beginne diese Person zu segnen. Mit dem Segnen neutralisierst du diese Person für dich. Jeder negative Gedanke schädigt dich, er raubt dir Energie und du wirst schwächer. Jeder positive Gedanke stärkt dich.

Wenn du in einem Gedankenkarussell gefangen bist, steig aus. Lass sie im Geiste kleiner werden oder schick sie in einem Ballon fort und denke wieder an schöne Dinge.

Claudia S. „Du bist dein Heiler"

Du kannst dein Gedankenkarussell auch niederschreiben, dann brauchst du dich nicht ständig im Kopf damit befassen.

Oder du schaust auf einen unbeweglichen Gegenstand. Sofort wirst du merken, dass deine Gedanken zur Ruhe kommen. Auch die Konzentration auf deinen Atem kann hilfreich sein, um sich von Gedanken zu befreien.

Ich klopfe auch oft den Satz „Ich bin die Königin meiner Gedanken" auf meine Thymusdrüse. Ich entscheide, was ich denke und bin nicht die Sklavin meiner Gedanken.

Wir sind nicht unsere Gedanken, wir sind Bewusstsein und haben Macht über unsere Gedanken. Das ist ganz wichtig zu verstehen. Nicht die Gedanken kontrollieren uns, sondern wir kontrollieren unsere Gedanken.

Auch hilft es, seine Aufmerksamkeit auf das Hier und Jetzt zu richten. In Gedanken sind wir oft schon ganz woanders und der gegenwärtige Augenblick zieht an uns vorüber, ohne dass wir ihn wahrnehmen. Mir hilft es, meinen Hund Pauli zu

Claudia S. „Du bist dein Heiler"

beobachten, der sich immer im Jetzt befindet. Wenn er spielt, ist seine volle Konzentration z.B. beim Ball. Wir hingegen essen, schauen aufs Handy oder den Fernseher und sind nie wirklich bei einer Sache. Und zusätzlich sind wir in Gedanken ganz woanders. Kein Wunder, dass wir alle mit Stress zu kämpfen haben. Unser Geist darf nie zur Ruhe kommen.

Der zweite wichtige Faktor neben den Gedanken sind die Emotionen. Emotionen wie Wut, Ärger und Angst schwächen uns. Wohingegen Emotionen wie Begeisterung, Lebensfreude, Liebe und Dankbarkeit uns stärken. Versuche jeden Tag in die Dankbarkeit zu gehen. Es gibt so viele Dinge, für die wir dankbar sein können. Es müssen nicht die großen Dinge sein. Du kannst z.B. dankbar sein für dein tägliches Essen, dein Dach über dem Kopf, deine Freunde, deine Familie, für das Schöne in der Natur.

Immer, wenn du in positive Emotionen gehst, hebst du deine Energie an und wirst stärker, fühlst dich lebendiger. Unglaublich schön ist es, dein Herz in Liebe und Dankbarkeit zu segnen.

Claudia S. „Du bist dein Heiler"

Geh im Geiste zu deinem Herzen, nimm den Raum um dein Herz wahr und segne dein Herzzentrum, indem du in das Gefühl der Liebe oder Dankbarkeit gehst. Auch kannst du ein Lächeln zu deinem Herzen schicken und dir vorstellen, wie sich dieses Lächeln in deinem ganzen Körper ausbreitet.

Wenn du nun Visionen hast, wie dein Leben sein sollte, wie du es dir wünschst, verbinde die Gedanken mit den Emotionen.

Stell dir vor, du hättest es schon erreicht. Wie fühlt es sich an, wenn du dein Ziel erreicht hast. Lass die Freude und die Begeisterung durch deinen Körper strömen.

Claudia S. „Du bist dein Heiler"

Praxisbeispiel Gedanken/ Emotionen

Du wünschst dir ein schönes Haus außerhalb der Stadt im Grünen. Du stellst dir dieses Haus vor. Schreib auf einen Zettel oder in ein Notizbuch, wie dieses Haus aussehen soll und welche Umgebung du dir wünschst. Gegenüber schreibst du dann deine Emotionen dazu auf. Wie fühlt es sich an, dort zu wohnen. Du bist begeistert und dankbar, dass du dein Haus gefunden hast. Du verbindest also deine Gedanken und Vorstellungen über dieses Haus mit den positiven Emotionen. Und diese Kombination stellst du dir dann im Geiste immer wieder vor. Nachdem es im Universum keine Zeit gibt, kann es schnell gehen oder dauern. Aber du schaffst damit die Voraussetzungen, dass sich deine Visionen in der Realität manifestieren können.

Claudia S. „Du bist dein Heiler"

Ein Beispiel aus meinem Leben.

    Ich habe mir nach meiner zweiten schweren Knieverletzung immer wieder vorgestellt, dass mein Knie heil und stabil ist und ich wieder schifahre. Ich bin mir sicher, dass ich ohne dieses geistige Arbeiten nicht da wäre, wo ich jetzt bin. Natürlich habe ich auch zusätzlich alles gemacht, was mein Knie in der Heilung unterstützen könnte. Tägliches Training, gesunde Ernährung inklusive Nahrungsergänzungsmitteln und Faszien Behandlungen. Am liebsten mache ich mein Training im Wald. Ich balanciere auf Baumstämmen, mache einbeinige Kniebeugen, Sprungübungen auf Baumstämme, Liegestütze und vieles mehr.

    Ein weiterer wichtiger Punkt, um mental gesund und stark zu sein, ist es, andere nicht auf einen Sockel oder über einen selbst zu stellen. Niemand ist mehr wert als wir selbst. Wie oft kommt es vor, dass wir uns kleiner machen vor Menschen, von

Claudia S. „Du bist dein Heiler"

denen wir denken, dass sie etwas Besseres sind als wir. Weil sie studiert haben, weil sie sehr viel Geld verdienen, weil sie eine dominante Ausstrahlung haben, weil sie einen weißen Kittel oder eine Uniform anhaben.

Auch ich hatte ein Autoritäten Problem. Entweder habe ich mich klein gemacht, oder ich bin auf Angriff gegangen und emotional geworden.

Du hast es in der Hand, jedem Menschen auf Augenhöhe zu begegnen. Und du solltest es nicht zulassen, dass sich jemand über dich stellt oder du ihm die Erlaubnis gibst, sich über dich zu stellen.

Misstraue Menschen, die ihre Macht ausspielen und dich klein halten möchten.

Die Politik dient hier als gutes Beispiel. Wir werden klein gehalten, werden über die Mainstream Medien in unserem Denken betreut, Kritik am bestehenden System wird mit Demokratiefeindlichkeit verunglimpft. Aber wenn man keine Kritik mehr am System vorbringen kann, um welche Demokratie handelt es sich dann?

Claudia S. „Du bist dein Heiler"

Mir ist es auch wichtig, dieses Buch zu schreiben, damit immer mehr Menschen aufwachen in der Matrix und wir gemeinsam ganz neue Systeme schaffen. Systeme, wo wir in Eigenverantwortung miteinander leben, unsere Gesundheit wieder viel mehr selbst in unsere Hand nehmen, unsere Kinder zu kritischem Denken erziehen, im Einklang mit der Natur und den Tieren leben. Ich glaube an diese Vision und ich weiß, dass, wenn wir es schaffen, hinter die Kulissen zu schauen und uns unseres Bewusstseins und unserer Stärke bewusst zu werden, wir alles schaffen können.

Wenn wir uns unserer Kraft bewusst sind, brauchen wir keine Macht mehr über andere ausüben. Wir können friedlich miteinander leben und unsere verschiedenen Meinungen akzeptieren und Lösungen finden. Wir sind nicht getrennt voneinander, das gilt es zu verstehen. Wir sind ein Kollektiv.

Unser derzeitiges politisches System will uns spalten und klein halten, das sieht man an so vielen Beispielen.

Claudia S. „Du bist dein Heiler"

Wenn wir es aber schaffen, wieder zurück zu unserer ursprünglichen Natur zu kommen, sind wir frei und niemand kann mehr über uns herrschen, oder uns spalten. Je mehr Menschen das verstehen, desto eher gelingt es uns, über das Kollektiv zu unserer wahren Freiheit zu gelangen.

Beginnt, die Dinge kritisch zu hinterfragen. Informiert euch über Alternativmedien, die nicht von Globalisten finanziert werden.

Geht weg vom Außen, hin zu eurer inneren Stärke. Lasst euch keine Angst mehr machen. Umgebt euch mit schönen Dingen, singt, lacht, bewegt euch und ernährt euch gut.

Claudia S. „Du bist dein Heiler"

Verbindung mit deinem höheren Selbst

In meinem Morgenritual verbinde ich mich jeden Tag mit meinem höheren Selbst, mit meinem Bewusstsein. Es ist ganz einfach.

Unsere Zirbeldrüse, das ist die kleine Drüse im Gehirn, die auch als unser drittes Auge bezeichnet wird, ist unser Tor zum Bewusstsein. Sie befindet sich in der Mitte zwischen den beiden Augen im Gehirn.

Stell dir vor, deine Zirbeldrüse erstrahlt in hellem Licht, dieses Licht geht über deinen Kopf hinaus ins Universum. Dazu forme ich gedanklich die Worte „Ich verbinde mich mit meinem höheren Selbst". Gleichzeitig verbinde ich mich auch mit dem Göttlichen und lasse das göttliche Licht durch mich und meinen Körper fließen und meinen Körper davon umgeben. Somit bin ich auch geschützt vor Fremdenergien.

Vor jeder energetischen Arbeit verbinde ich mich mit meinem höheren Selbst und mit dem Göttlichen.

Claudia S. „Du bist dein Heiler"

Kommen wir nun zum zweiten Teil.

Der Weg zum körperlichen Wohlbefinden

Damit die Redensart, dass über 50 die Wehwehchen beginnen, nicht zutrifft (bei vielen beginnen sie schon sehr viel früher), möchte ich euch in diesem Kapitel wertvolle Tipps zur Gesunderhaltung eures Körpers geben. Dazu zählt auch die Ernährung, die dann im dritten Teil behandelt wird.

Ihr kennt vielleicht die bildliche Darstellung, wie der Mensch sich durch das viele Sitzen wieder zurück zum Affen entwickelt.

Die meisten meiner Patienten sind Bürohocker und das mindestens acht Stunden am Tag. Sie sitzen beim Frühstück, sie sitzen im Auto oder in den Öffis, sie sitzen im Büro, beim Mittagessen, sie sitzen zu Hause auf der Couch und auch beim Schlafen befinden wir uns mit angewinkelten Beinen oft in einer Sitzposition. Sprich, unser vorderes fasziales System verkürzt sich. Der Kopf ist zu weit vorn, die Schultern ziehen nach vorne, der Hüftbeuger zieht nach vor, die Knie sind in einer Beugehaltung. Und das über mehrere Stunden am Tag. Kein Wunder also, dass fast alle Büroarbeiter Probleme mit ihrem muskuloskelettalen Apparat haben.

Es hilft da auch nicht, zweimal in der Woche ins Fitness Studio zu gehen. Meistens wird dann dort nur Kraft trainiert, und die Beschwerden verschlimmern sich sogar oft noch.

Meine Patienten meinen dann meistens, dass sie keine Zeit hätten, um jeden Tag etwas für ihren Körper zu machen.

Ich sage, es reicht, gewisse Dinge in den Alltag einzubauen, um sich schmerzfrei zu halten. Und das kann jeder schaffen.

Starten wir in der Früh, bevor wir aus dem Bett aufstehen.

Ein paar Übungen helfen dir, damit deine Bandscheiben, die sich über Nacht mit Wasser füllen, mobilisiert werden und du den Druck von

Claudia S. „Du bist dein Heiler"

ihnen nimmst, leichter aufstehst und dich nicht so steif fühlst.

Übung 1:

Schiebe deine Beine ausgestreckt abwechselnd vom Becken her in die Länge. Wiederhole das 10 bis 20-mal. Du kannst auch die Arme gegengleich in die Länge schieben.

Übung 2:

Winkle deine Knie in Rückenlage an und bewege sie zusammen einmal nach links und wieder nach rechts. Ich nenne die Übung Scheibenwischer. Geh nur so weit in die Rotation, wie es angenehm für dich ist.
Auch hier kannst du mit deinen Armen gegengleich rotieren.
Wiederhole auch das 10 bis 20-mal

Claudia S. „Du bist dein Heiler"

Übung 3:

Nimm dein rechtes Bein unter dem Knie mit beiden Händen, versuche dein Knie so weit wie möglich durchzustrecken, ziehe die Fußschaufel an und beuge deinen Fuß wieder. Gleiches dann mit dem linken Bein.
Wiederhole diese Übung je 10 bis 20-mal pro Bein.

Diese drei Übungen erleichtern dir schon das Aufstehen in der Früh. Du wirst merken, dass du dich nicht so steif fühlst und bereits beweglicher aus dem Bett kommst.
Falls du ein Morgenmensch bist, rate ich dir, fünfzehn Minuten mehr Zeit einzuplanen in der Früh, deine Matte auszurollen und deinen Körper zu dehnen und zu mobilisieren. Falls du die Möglichkeit hast, das draußen zu machen- noch besser. Du startest damit einfach besser in den Tag. Und versuche mal, beim Dehnen an

Claudia S. „Du bist dein Heiler"

irgendetwas zu denken. Das geht nicht, weil deine Aufmerksamkeit ganz bei deinem Körper liegt. Somit ist es auch zugleich eine meditative Übung, sich in der Früh zu bewegen, mit vollem Fokus auf deinen Körper.

Falls du so wie die meisten deine Arbeit im Sitzen vor einem Bildschirm bestreitest, ist es immens wichtig, dich immer wieder, so ca. alle 15 bis 20 Minuten durchzubewegen. Das ist kein großer Aufwand, das schaffst du nebenbei.

Für alle anderen Nicht Bildschirmarbeiter. Die kommenden Übungen sind für uns alle gut, damit unsere Gelenke, Muskeln, Faszien in Form bleiben.

Beginnen wir mit den Augen.

Bildschirmarbeit strengt die Augen ungemein an. Schau abwechselnd nach links/ rechts/ oben/ unten/ diagonal rechts/ links.

Claudia S. „Du bist dein Heiler"

Lass deinen Blick auch immer wieder in die Ferne schweifen. Am besten nach draußen ins Grüne, falls du ein Fenster mit Ausblick in die Natur hast. Ansonsten kannst du dir auch ein Wald Bild aufhängen und deinen Blick dort ruhen lassen. Die Farbe Grün entspannt deinen Geist.

Weiter geht es zur Halswirbelsäule.

Bewege deinen Kopf, soweit es geht, nach links und dann wieder nach rechts. Schau hin und wieder an die Decke. Meistens schauen wir nach unten. Um deine Bandscheiben nicht zu schädigen, ist es daher ganz wichtig, auch nach oben zu schauen, das heißt, in der Halswirbelsäule eine Streckung zu machen.

Schiebe bei gerader Kopfhaltung dein Kinn nach hinten, um deine untere Halswirbelsäule zu entspannen. Und pass auf, dass du beim Arbeiten nicht in der „Schildkrötenhaltung" sitzt, sprich der Kopf nach vorne protrahiert ist.

Claudia S. „Du bist dein Heiler"

Lege den Kopf auf die rechte Seite, sodass dein rechtes Ohr Richtung rechte Schulter zeigt. Dann legst du den Kopf auf die linke Seite. Hier spürst du die Dehnung deiner Halsmuskeln.

Bewegen wir nun die Brustwirbelsäule.

Nimm deine Hände aufs Brustbein und rotiere deine Brustwirbelsäule langsam nach links und nach rechts. Versuche dabei, nur in der Brustwirbelsäule zu rotieren. Dein Kopf schaut gerade aus.

Strecke deine Arme in einem Winkel von 90 Grad seitlich aus, deine Handflächen sind nach oben gerichtet. Nun ziehe deine Arme nach hinten. Mach das ein paar Mal. Mit dieser Übung dehnst du deine Brustmuskulatur auf. Durch das Arbeiten der Arme vor dem Körper, verkürzen wir im ventralen Bereich. Darum ist es so wichtig, immer in die Gegenrichtung zu mobilisieren.

Claudia S. „Du bist dein Heiler"

Nun noch zur Lendenwirbelsäule

Schiebe deine Knie im Sitzen abwechselnd nach vor. Du merkst, dass da eine Bewegung im unteren Rücken ankommt.
Versuche nun dein Becken nach vorne zu kippen, deine Wirbelsäule geht dabei in eine Lordose, sprich ins Hohlkreuz. Danach kippst du dein Becken nach hinten, dein Bauchnabel zieht nach innen. Mit dieser Bewegung kommt in deiner Lendenwirbelsäule Beugung und Streckung an.

Das ist ein kleiner Auszug an Übungen, die du immer wieder mal einbauen kannst. Mit diesen Übungen mobilisierst du alle Bereiche deiner Wirbelsäule. Sie sind einfach und überall zu machen.
Wenn du gerade gar keine Zeit hast, irgendeine der Übungen einzubauen, dann steh zumindest alle 20 Minuten auf von deinem Sitz und streck dich einmal nach hinten durch. Auch das bewirkt schon wahre Wunder, weil es dich aus deiner Sitzhaltung

bringt. Du könntest dir deinen Krug mit Wasser etwas weiter von deinem Büroplatz wegstellen und immer wieder aufstehen, um dir ein frisches Glas zu holen. So bleibst du in Bewegung. Dein Körper dankt es dir.

Die gesündeste Art sich fortzubewegen ist das Gehen. Geh, wann immer du kannst und wenn möglich in der Natur.

Bevor Pauli in mein Leben gekommen ist, habe ich mich fast nur mit dem Auto oder dem Rad fortbewegt. Ich habe das Gehen als langweilig empfunden.

Durch das tägliche Gehen mit meinem Hund ist es nun ein fixer Tagesbestandteil und nicht mehr wegzudenken. Am liebsten bin ich im Wald unterwegs. Hier kommt mein Geist am besten zur Ruhe. Und ich nutze den Wald für meine täglichen Wohlfühlübungen.

Aufgewachsen bin ich in einem Tal, umringt von Bergen. Das Tal hat mich immer beengt. Aber hoch oben am Berg zu stehen und auf das Tal hinunterzuschauen ist Freiheit. Probleme, die unten groß waren, werden klein und verschwinden.

Gehen ist auch Meditation. Sich freigehen von Gedanken, den Geräuschen der Umgebung lauschen, die Düfte der Natur wahrnehmen, den Wind auf der Haut spüren, die Farben des Himmels sehen. Umringt von der Schönheit der Umgebung in Dankbarkeit und Liebe seinen Weg gehen.

Jetzt möchte ich dir erzählen, wie ich es nach meinem zweiten schweren Schiunfall geschafft habe, innerhalb von zwei Monaten wieder einen Berg ohne Schmerz zu besteigen.

Claudia S. „Du bist dein Heiler"

Das Wunder meiner Knieheilung

Im Februar 2022 wurde meine beiden Knie durch einen unverschuldeten Schiunfall schwer geschädigt. Mein rechtes Knie war durch einen Schiunfall 2004 bereits vorgeschädigt. Ich bekam 2004 eine Kreuzbandplastik und eine Meniskusnaht, die nicht gehalten hat. 2008 wurde mir der gesamte Innenmeniskus entfernt. Das heißt, ich hatte bereits zwei Operationen am rechten Knie.

Bei dem zweiten Schiunfall ist die Kreuzbandplastik und der Außenmeniskus gerissen und das Seitenband eingerissen. Außerdem hatte ich ein Knochenmarksödem.

Beim linken Knie wurde zuerst nichts festgestellt, aber ich habe eine Instabilität gespürt. Drei Wochen später wurde beim MR am linken Knie ein Wadenkopfbeinbruch diagnostiziert.

Bald war für mich klar, dass ich mich nicht zum dritten Mal operieren lassen wollte und es konservativ versuchen würde.

Claudia S. „Du bist dein Heiler"

Ich möchte euch genau schildern, wie ich seit Tag 1 der Verletzung mit körperlichen und geistigen Übungen an meinen beiden Knien gearbeitet habe.

Eines der essentiellen Dinge gleich nach meinem Unfall war mein Kompressionsverband, den ich mir gleich selber im Dienstzimmer der Bergrettung angelegt habe. Damit wird die Einblutung ins Gewebe verringert und mein Knie war nie so stark geschwollen. Es gibt nach Unfällen die sogenannte PECH Regel. Pause, Eis, Kompression (Compression), Hochlagern. Genau das habe ich eingehalten.

Die ersten drei bis fünf Tage läuft im Körper die Entzündungsphase ab. In dieser Phase ist es wichtig, Ruhe zu geben und den Körper arbeiten zu lassen.

Trotz großer Schmerzen in der ersten Nacht habe ich kein entzündungshemmendes Schmerzmittel genommen, weil ich in die körpereigene Entzündungskaskade nicht eingreifen wollte. Wenn die Schmerzen wirklich unerträglich sind, kann man

Claudia S. „Du bist dein Heiler"

ein nicht entzündungshemmendes Schmerzmittel nehmen oder CBD Tropfen.

Ab dem zweiten Tag waren die Schmerzen bereits erträglicher.

Ich bin die ersten fünf Tage nur gelegen, habe die Beine hochgelagert und mir fünzehnminütige Topfenwickel gemacht.

Ab dem fünften Tag bin ich mit meinen beiden Knieorthesen schon etwas spazieren gegangen.

Ab dem zweiten Tag habe ich begonnen, energetisch mit meinen beiden Kniegelenken zu arbeiten.

Verbinde dich zuerst mit deinem höheren Selbst, mit den Elementarwesen und dem Göttlichen. Bitte um den Fluss der göttlichen Gnade durch deinen Körper. Mit meinem zweiten und dritten Finger der linken Hand am Knie habe ich darum gebeten, dass die Flamme der Entzündung kleiner wird und aus meinem Körper gezogen wird. Hier habe ich mich mit den Elementarwesen des Feuers verbunden.

Claudia S. „Du bist dein Heiler"

Mit dem zweiten und dritten Finger der rechten Hand am Knie habe ich dann um heilende Energie gebeten.

Weiters habe ich mir vorgestellt, dass der Körper Kollagen produziert und sich mein Gewebe neu bildet.

Zuerst habe ich nur leichte Mobilisationen durchgeführt, um wieder Beweglichkeit in meine Gelenke zu bringen. Kraftaufbau anfangs leicht und dosiert, z.B. im Lang Sitz den Oberschenkel anspannen und das Bein heben.

Dein Körper zeigt dir genau, was schon möglich ist und was nicht. Darum sehe ich auch Schmerzmittel eher skeptisch, weil sie dein Schmerzempfinden unterdrücken.

Es geht immer um eine Kombination aus körperlicher und geistiger Heilung. Visionen helfen dir, dorthin zu kommen, wo du hinkommen möchtest. Ich hatte die Vision, dass ich wieder Schi fahre und auf Berge gehe. Zwei Monate nach meinem schweren Unfall bin ich bereits wieder am Berg gestanden. Ohne Schmerzen, was tatsächlich

Claudia S. „Du bist dein Heiler"

ein kleines Wunder für mich war. Und die darauffolgende Wintersaison habe ich mich im Frühjahr, also genau ein Jahr nach der Verletzung, wieder auf die Schi gewagt und meine beiden Knie haben perfekt gehalten. Natürlich habe ich mich da auch gut vorbereitet. Mit Krafttraining, Sensomotorik Training, Sprungübungen, etc.

Wenn du so wie ich öfters in deinem Leben Verletzungen hast, solltest du dich auch fragen, wieso dir das immer passiert.

Warum wirst du vom Leben immer wieder ausgebremst. Was gilt es zu verändern? Oder wieso sollst du zur Ruhe kommen? Stell dir diese Art der Fragen und höre in dich hinein.

Nichts passiert zufällig. Es gibt immer einen tieferen Sinn, v.a. in den Krisen. Krisen sind oft Chancen, gestärkt aus Situationen hervorzugehen, auch wenn sie anfangs ausweglos erscheinen.

Durch Krisen bekommst du die Möglichkeit, zu deinem wahren ICH zu kommen. Nehmen wir das Beispiel Unfall. Durch die Ruhigstellung, bist du gezwungen aus dem „und täglich grüßt das

Claudia S. „Du bist dein Heiler"

Murmeltier" auszusteigen und dich mit dir selbst zu befassen. Du hast auf einmal viel Zeit, dich mit dir und deinem Körper zu beschäftigen. Im normalen Alltag fehlt uns diese Zeit sehr oft, weil wir getrieben sind von Job, Familie, Freizeitstress, etc.

Mein erster Schiunfall war für mich wie ein Weltuntergang. Ich konnte meinem geliebten Badmintonsport nicht mehr nachgehen und verlor auch meine Sozialkontakte, die ich dort beim Training hatte.

Ich war deprimiert und bin in ein Loch gefallen. Menschen, die mir damals gesagt haben, dass das auch für irgendwas gut ist, wollte ich nicht hören. Wie konnte man nur an solch einer Sache etwas Gutes finden.

Und doch! Ich war ein Jahr in Physiotherapie, weil meine Heilung damals nicht gut vorangeschritten ist. Mein Knie war immer geschwollen, ich hatte Dauerschmerzen.

Ich war bei einem Sportphysiotherapeuten in Therapie und dachte mir, was das für ein toller Job ist.

Claudia S. „Du bist dein Heiler"

Man hilft Menschen, kann sich selbständig machen und sich seine Zeit selbst einteilen. So entstand die Idee, selbst Physiotherapeutin zu werden, und mit vierunddreißig Jahren schaffte ich die Aufnahmeprüfung für die Fachhochschule.

Ihr seht, im Nachhinein hat sich doch herausgestellt, dass die Verletzung auch ihr Gutes hatte. Ich denke nicht, dass ich ohne diesen Unfall heute eine zufriedene Physiotherapeutin mit eigener Praxis wäre.

Und auch der zweite Unfall hatte sein Gutes. Er hat mich geistig noch stärker gemacht und mir bewiesen, dass der Geist über der Materie steht.

Das heißt, es ist möglich, die Materie über den Geist zu beeinflussen, was sich entscheidend auf meinen Heilerfolg ausgewirkt hat.

Damals kannte ich die Aurachirurgie noch nicht. Darüber möchte ich dir jetzt erzählen, weil auch sie über Information Materie verändert.

Claudia S. „Du bist dein Heiler"

Heilen mit Aurachirurgie

Wahrscheinlich gibt es wenige Leser, die sich unter dem Begriff etwas vorstellen können.

Vor zwei Jahren ist mir das Buch „Aurachirurgie" von Gerhard Klügl zugefallen, und ich habe es mit großer Spannung gelesen. Ich dachte mir, wenn das wirklich so funktioniert, wie Herr Klügl das beschreibt, dann ist das eine geniale Behandlungsart.

Es geht um die Auflösung von karmischen Mustern, die wir entweder aus früheren Seelenleben mitbringen, von Vorfahren als Information übernommen oder in diesem Leben erfahren haben. Die häufigsten sind das Sklavenjoch und das Erhängen. Getestet wird kinesiologisch. Und auch über die Anamnese zeigt sich oft schon, welches Muster vordergründig ist. Insgesamt gibt es 40 verschiedene karmische Muster.

Claudia S. „Du bist dein Heiler"

Beispielsweise findet man beim Sklavenjoch oft einen Halux valgus oder den sogenannten Witwenbuckel, eine Kyphoskoliose mit Buckelbildung, beruflichen Leistungsdruck, Burnout, Perfektionismus, etc.

Hinter fast jeder körperlichen oder psychischen Erkrankung stehen Konflikte, die es zu finden und aufzulösen gilt. Schwerwiegende Konflikte schlagen im Hirn in bestimmten Regionen ein und suchen sich einen körperlichen Ausgleich. Ein Arzt hat das festgestellt und man kann diese Einschläge im Hirn auf CT Bildern sehen. So schlagen sich Abwertungskonflikte (man fühlt sich abgewertet) z.B. auf Muskeln, Sehnen, Gelenke, Bänder, Knochen und das Blut. Abwertungskonflikte stellen die häufigsten Konflikte dar und sind oft mit dem karmischen Muster des Sklavenjochs verbunden.

Ein weiteres großes Thema der Aurachirurgie sind die Gelübde, Eide und Schwüre sowie auch Schuldthematiken. Auch diese werden kinesiologisch getestet und aufgelöst.

Claudia S. „Du bist dein Heiler"

Ein wesentlicher Teil ist das Operieren in der Aura bzw. am Surrogat, das heißt am energetischen Platzhalter wie z.B. dem Anatomieatlas.

Ich habe bereits an der Wirbelsäule, am Knie, an der Schulter, etc. „operiert" und bin begeistert von den positiven Feedbacks. So geht es den Menschen oft gleich danach besser, Zysten verschwinden, der Schmerz lässt nach oder verschwindet auch.

Die Grundidee bei der Aurachirurgie ist, dass sich über gesetzte Informationen Materie verändert.

Und es funktioniert. Ich kann bereits über viele positive Beispiele inklusive mich selbst berichten.

Die Schmerzen werden weniger oder verschwinden, die Menschen fühlen sich aufgerichteter, v.a. nach Abnahme des Jochs und auch bei psychischen Problematiken wirkt sie sehr gut. Eine Dame berichtete mir, dass sie nach der Aura Behandlung wieder Freude am Leben finden konnte, sich ausgeglichener fühlte, und auch ihre zwischenmenschlichen Beziehungen haben sich verbessert.

Claudia S. „Du bist dein Heiler"

Ich selbst war mit einigen karmischen Mustern belastet und fühlte mich nach der Auflösung einfach frei und spürte, wie meine Energie floss.

Von einem spannenden Fall möchte ich noch erzählen.

Eine Dame klagte über die zu vielen Kilos und dass es ihr nicht möglich wäre abzunehmen. Dem zugrunde lag das karmische Muster der missglückten Flucht und ein Existenz- Mangel- und Flüchtlingskonflikt auf den Nieren und der Leber. Die Nierensammelrohre haben dadurch Wasser eingelagert und die Leber hat eingebunkert für schlechte Zeiten.

Ich habe das karmische Muster gelöst und in den Hirnregionen den Konflikt herausgenommen, und die Dame hat in den darauffolgenden Wochen Kilos verloren. Ihr Körper musste nicht mehr für schlechte Zeiten einbunkern.

Natürlich war es kein Zufall, dass mir das Buch über Aurachirurgie in die Hände gefallen ist und auch kein Zufall, dass eine Kollegin den Kurs Aurachirurgie machen wollte und mir davon erzählt hat. Ich brauchte nur einen Augenblick, um mich für diesen Kurs zu entscheiden.

Vertraue deinem Bauchgefühl. Dein Bauch, deine Intuition, dein höheres Selbst wissen, was gut für dich ist.

Du kennst das sicher auch. Deine Intuition war z.B. gegen etwas und du hast nicht darauf gehört. Im Nachhinein hast du dir gedacht, hätte ich nur auf meinen Bauch gehört.

Lerne, mehr in dich hineinzuhören, deiner inneren Stimme zu vertrauen. Sie weiß, was für dich gut ist.

Körperlich gesund bleiben ohne Schulmedizin, geht das?

Ich spreche jetzt nur von mir und gebe meine Erfahrungen weiter. Ich für mich brauche die Schulmedizin nicht mehr oder kaum mehr.

Jedes schulmedizinische Medikament hat Nebenwirkungen und viele werden viel zu schnell

Claudia S. „Du bist dein Heiler"

verschrieben, anstatt es davor mit der Naturheilkunde zu versuchen.

Außerdem wurden Grenzwerte, z.B. für Cholesterin systematisch herabgesetzt, sodass die Cholesterinsenker zu den am häufigsten verschriebenen Medikamenten zählen und jede Menge von Nebenwirkungen hervorrufen.

Für mich ist die Prävention das Um und Auf. Auf sich, seinen Körper und Geist zu achten. Wir haben nur diesen einen Körper in diesem Leben und sollten ihn hegen und pflegen.

In jungen Jahren habe ich wegen häufiger Blasenentzündungen viele Antibiotika bekommen. Diese zerstören unser Mikrobiom im Darm für lange Zeit und ich war in einer Teufelsspirale. Durch die Antibiotika war mein Immunsystem geschwächt und ich bekam dadurch wieder leichter Blasenentzündungen und war anfälliger für diverse Infektionen. Damals war ich mehrmals im Jahr krank und kämpfte immer gegen irgendetwas.

Dank meiner Schwester, die Pharmazeutin ist und in der Pflanzenheilkunde sehr bewandert ist, bekam ich meine Blasenentzündungen mit der Uva ursi, der Bärentraube in den Griff und danach machte ich eine Preiselbeerkur. Seither hatte ich nie mehr wieder Probleme.

Die letzten Jahre brauchte ich keinen Arzt mehr, und wenn ich einmal krank war, heilte ich alles mit Kräutern oder/ und Pflanzen oder auch mit der Homöopathie.

Ich kann mich noch erinnern, dass meine Oma alles mit Schwedenbitter heilte. Der „kleine" Schwedenbitter nach dem Originalrezept von Maria Treben hat 11 Heilkräuter, die in einem 38 prozentigen Korn angesetzt sind. Am besten, man stellt ihn selbst her.

Wir sollten uns wieder viel mehr auf das alte Heilwissen besinnen. Die Natur schenkt uns alles, was wir für unsere Gesunderhaltung brauchen.

Ich starte derzeit (derzeit deshalb, weil es gut ist, immer wieder zu variieren) meinen Tag mit einem Tee aus selbstgesammelten Brennnesseln.

Brennnessel stecken voller Vitamine und Mineralstoffe, sind gut für Entschlackung,

Claudia S. „Du bist dein Heiler"

Entgiftung, wirken harntreibend und blutdrucksenkend und stärken das Immunsystem. Gut, dass sie überall leicht zu finden sind.

Diesen Tee trinke ich auf meiner Terrasse und genieße die Morgensonne auf meiner Haut, während meine bloßen Füße in der taunassen Wiese sind. Die Morgensonne hat Infrarotstrahlung und wir sollten sie wenn möglich täglich konsumieren. Wenn sie scheint, zumindest zehn Minuten, wenn es bewölkt ist, zwanzig Minuten.

Sonne wärmt nicht nur, sie ist Leben. Wir brauchen das Licht der Sonne, um Vitamin D ausreichend produzieren zu können.

Die meisten Menschen leiden unter einem Vitamin D Mangel, vor allem in den Ländern, wo es weniger Sonne gibt. Ein Vitamin D Mangel macht uns anfälliger für Erkrankungen und wir können auch schwerer erkranken. Außerdem ist Vitamin D wichtig für unsere Knochen und unser Wohlbefinden, unsere Psyche. Wir sind entspannter und gelassener. Die Leute im Süden leben uns das vor. Mehr Sonne ist mehr Heiterkeit. Je weiter man in den Norden kommt, desto höher die Suizidrate. Der Mangel an Licht ist ein wesentlicher Faktor dafür.

Die ersten 10 bis 20 Minuten, je nach Hauttyp, sollte man ohne Sonnencreme die Sonne genießen. Es muss ja nicht die Mittagssonne sein. Die Creme blockt die Aufnahme des Vitamin D. Und es sollten 40 Prozent der Haut in der Sonne sein, um es gut aufzunehmen.

Ich lege mich auch im Winter auf meine Sonnenterrasse mit kurzem Shirt und kurzer Hose, um Vitamin D zu tanken. Es reichen 10 Minuten am Tag.

Der Grund, warum bei uns so viele Menschen an den sogenannten Zivilisationskrankheiten leiden und abhängig von Schulmedizin sind, ist schlechte Ernährung, Bewegungsarmut und Stress.

Auf die Ernährung kommen wir im nächsten Kapitel zu sprechen.

Durch Stress wird unser Cortisol Spiegel im Körper angehoben. Akuter Stress ist nicht das Problem, es geht um den chronischen Stress.

Claudia S. „Du bist dein Heiler"

Chronischer Stress und eine zuckerhaltige Ernährung fördern Entzündungen im Körper. Durch chronischen Stress erhöht sich der Cortisol Spiegel im Blut. Durch das zu viel an Cortisol schüttet der Körper vermehrt Insulin aus. Die Bauchspeicheldrüse produziert Insulin, um den Zucker aus dem Blut in die Zellen zu bringen. Durch ein Überangebot an Zucker ist der Insulinspiegel ständig erhöht und es kann sich eine Insulinresistenz bilden. Das Ergebnis ist ein Diabetes Typ 2, der sogenannte Altersdiabetes.

Durch den ständig erhöhten Insulinspiegel lagert der Körper auch mehr Fett ein, v.a. in den Organen und im Bauchraum. Hier spricht man dann vom ungesunden Bauchfett.

Des Weiteren erhöht Stress unseren Adrenalinspiegel, wir scheiden vermehrt Noradrenalin aus, unser Sympathikotonus ist erhöht. Das vegetative Nervensystem besteht aus dem Sympathikus und dem Parasympathikus. Man spricht auch vom autonomen Nervensystem, weil wir es nicht bewusst steuern.

Der Sympathikus wird aktiv, wenn wir auf der Flucht sind, sprich im Stress. Er erhöht u.a. unseren Herzschlag, unseren Blutdruck, unsere Atmung.

In Akutsituationen ist dieses Geschehen wichtig, damit wir z.B. vor etwas fliehen können, wenn Gefahr droht. Die Kraftreserven des Körpers werden aktiviert.

Danach beruhigt sich das System wieder, der Puls verlangsamt sich, der Blutdruck sinkt, der Atem wird ruhiger.

Problematisch ist es, wenn wir auf Dauerflucht geschaltet sind.

Das sind wir bei chronischem Stress. Unser Körper kommt nicht mehr zur Ruhe.

Die meisten Zivilisationskrankheiten, wie erhöhter Blutdruck, Diabetes, Herzkrankheiten resultieren aus chronischem Stress.

In dem Kapitel „Der Weg zum mentalen Bewusstsein" habe ich schon beschrieben, wie wir unseren Parasympathikus besser aktivieren können und so für mehr Ausgleich im System sorgen.

Claudia S. „Du bist dein Heiler"

Ich möchte die Schulmedizin nicht schlechtreden. Ohne sie wären viele Menschen nicht mehr am Leben.

Mir geht es darum, gar nicht erst die Schulmedizin zu bemühen.

Wir müssen raus aus diesem System der Krankheitsbehandlung, hin zu dem System der Gesunderhaltung.

Und hier geht es um Eigenverantwortung. „Du bist dein Heiler".

Du hast diesen einen Körper und bist für ihn zuständig.

Natürlich kann man sich auch Hilfe suchen, das sollte man auch, aber um sich gesund zu erhalten und nicht erst, wenn man schon krank ist. Wir leben da in einem komplett auf Krankheit ausgerichtetem System, womit sich natürlich auch sehr viel Geld verdienen lässt.

Ich träume von einer Welt, wo die Menschen sich auf ihre göttliche Kraft besinnen, im Einklang und Frieden leben mit sich selbst und mit anderen. Licht ist stärker als die Dunkelheit und wenn wir wieder mehr ins Licht gehen, auch realistisch gemeint, mehr in die Sonne gehen, können wir als Kollektiv viel bewirken.

Wir müssen uns nur dieser Kräfte bewusstwerden und aufhören uns zu beschränken oder uns beschränken zu lassen.

Die Manipulation von außen trifft ins Leere, wenn wir bei uns sind, frei von Angst und Sorge.

Kommen wir nun zum dritten Teil der Gesunderhaltung, der Ernährung. Wie schon gesagt, möchte ich hier keine neue Ernährungsform vorstellen, sondern v.a. von meinen Erfahrungen berichten. Ich denke, es sind für jeden ein paar Anregungen dabei.

Claudia S. „Du bist dein Heiler"

Du bist, was du isst

„Du bist, was du isst" trifft den Kern. Hochwertige Nahrung ist für unsere Gesundheit essentiell.

Das wissen wir im Grunde alle, und trotzdem ernähren sich so viele Menschen schlecht bis sehr schlecht. Mit minderwertigen Nahrungsmitteln, Fertigkost, Zucker, ungesunden Fetten, Fleisch aus Massentierhaltung.

Sind wir uns nicht wichtig genug? Was ist der Grund?

Ich denke, die Gründe sind vielschichtig. Wir werden mit Werbung für ungesunde Lebensmittel beschallt, Zucker macht süchtig, wir nehmen uns zu wenig Zeit, um selbst zu kochen. Alles muss schnell gehen.

Ernährung ist ein umstrittenes Thema, und es gibt hier unzählige Ansätze.

Ich möchte hier über keine neue Ernährungsart schreiben, sondern meine Erfahrungen wiedergeben, nachdem ich viel durchprobiert und ausprobiert habe. Mittlerweile kann ich von mir behaupten, dass ich mich zumindest meistens ausgewogen und gesund ernähre, von ein paar Urlaubsausnahmen oder Einladungen abgesehen.

Ich halte nicht viel von zwanghaften, strikten Ernährungsplänen. Man kann sich meiner Meinung nach schon auch mal Zucker und diverse ungesündere Lebensmittel zuführen. Die Dosis macht wie überall das Gift.

Ich möchte hier meine Erfahrungen wiedergeben. Jeder Mensch ist anders und braucht auch etwas Anderes, aber ich denke, es ist für jeden etwas Nützliches zum selber Umsetzen oder Ausprobieren dabei.

Auch ich habe nicht auf Ernährung geachtet und mich weitgehend ungesund und nicht ausgewogen ernährt. Ich hatte zwar nie Gewichtsprobleme, aber ich war ständig müde und bei weitem nicht in meiner Kraft und Energie.

Du kennst das sicher. Wenn du zu Mittag ein Wiener Schnitzel mit Pommes isst, ist dein System

Claudia S. „Du bist dein Heiler"

so überlastet, dass dein Energielevel absinkt und du kaum Energie für die Arbeit hast.

Isst du hingegen zum Beispiel leichte Kost wie Gemüse mit Reis, ist dein System viel weniger gefordert und dein Energielevel sinkt bei weitem nicht so ab.

Richtig bewusst wurde mir das in einem Urlaub in Thailand, wo ich mich 4 Wochen lang fast ausschließlich von Reis mit Gemüse und Obst ernährt habe. Ich war nie müde und voller Energie.

Diese Reise war der Anstoß für mich, meine Ernährungsgewohnheiten zu überdenken.

Meiner Meinung nach ist eine ausgewogene Mischkost die beste Ernährungsform. Viel Gemüse, Obst, wenig Fleisch und wenn dann nur hochwertiges Bio Fleisch und hochwertige Kohlehydrate. Wobei Kohlehydrate wie Brot, Nudeln, Reis, Kartoffeln, etc. Zucker sind und wir sie uns auch nicht im Übermaß zuführen sollten.

Auf Weizen verzichte ich komplett, weil er so hochgezüchtet ist, dass er von uns nicht gut vertragen wird. Ich ersetze ihn durch Dinkel, der

Claudia S. „Du bist dein Heiler"

zwar auch eine Weizenart ist, aber meistens besser verträglich, durch Roggen, Buchweizen und noch andere Getreidearten. Mein Brot mache ich mir selber, dann weiß ich, welche Inhaltsstoffe enthalten sind.

Viele Lebensmittel, v.a. auch Mehl, sind mit Pestiziden und Fungiziden verseucht. Im Laufe der Jahre reichern sich so viele Giftstoffe in unserem Körper an und wir belasten unser System. Hier besonders die Leber und den Darm, aber auch die Nieren.

Micro Plastik ist ein ebenso großes Thema in unserer Zeit. Aus diesem Grund esse ich auch keine Meeresfische mehr und greife nur noch zu heimischen Fischen aus fließendem Gewässer oder Biozucht.

Mein Körper braucht täglich drei Mahlzeiten.

Für mich unentbehrlich ist mein Frühstück, für das ich mir auch viel Zeit lasse und dafür auch früher aufstehe. Es gibt schwarzen Kaffee mit Dattelsirup. Die Süße ganz wegzulassen habe ich versucht, aber der Kaffee schmeckt mir dann einfach zu bitter. Deshalb verwende ich Biodattelsirup, der zu 100 Prozent aus Datteln gemacht ist. Datteln zählen neben den Feigen zu den basenbildensten Lebensmitteln und enthalten sehr viele wertvolle Inhaltsstoffe.

Mein Gebäck ist mit hochwertigem Bio Mehl selbstgemacht, dazu gibt es Bio Gemüse und Obst (nur wenig, weil es ja auch Fruchtzucker enthält), Nüsse, Butter, die auch zu den gesunden Fetten zählt und meistens einen grünen Smoothie aus Gurke, Spinat, Ingwer, Leinsamen. Mit dem Leinsamen führt man sich auch hochwertige Omega 3 Fettsäuren zu.

Mein Mittagessen koche ich mir aus frischen Lebensmitteln und achte darauf, keine Fertigprodukte, auch keine Bindungsmittel zu verwenden. Knoblauch und Zwiebel sind dabei essentiell für mich. Knoblauch beugt altersbedingten Gefäßveränderungen vor und hält auch Parasiten fern. Zwiebeln sind entzündungshemmend und regen das Verdauungs- und Kreislaufsystem an. Wenn ich Nudeln koche, dann Bio Dinkelnudeln oder Reisnudeln mit viel Gemüse und nur wenig Nudeln. Fast immer gibt es eine Schüssel Salat mit Apfelessig, der besonders wertvoll für die Stoffwechselanregung ist, Kürbiskernen, die Parasiten fernhalten und Kürbiskernöl.

Auf die süße Nachspeise verzichte ich, und falls ich doch einmal Lust auf etwas Süßes haben sollte, esse ich eine Dattel oder mache mir im Sommer ein selbstgemachtes Eis mit Biojoghurt und frischen Früchten. Zum Süßen nehme ich wieder den Dattelsirup.

Abends esse ich meistens die Reste von zu Mittag oder ich brate mir eine Zucchini und esse sie mit Schafskäse und Olivenöl.

Wenn du abnehmen möchtest, hilft es oft schon, vor allem abends keine Kohlenhydrate mehr zu essen.

Wenn du oft einen Blähbauch hast, ist meistens der Zucker schuld. Dein Darm hat ein Übermaß Candida albicans (Pilz) in sich durch den Zucker, weil dieser Pilz sich von Zucker ernährt.

Claudia S. „Du bist dein Heiler"

Lass den Zucker weg, reduziere auch die Kohlehydrate, im besten Fall ernähr dich eine Zeitlang Gluten frei und du wirst merken, dass der Blähbauch verschwindet.

Nahrungsergänzungsmittel

Nahrungsergänzungsmittel haben für mich ebenso einen hohen Stellenwert. Ich möchte dir die meiner Meinung nach wichtigsten anführen.

Um zu wissen, welche du vor allem benötigst, empfehle ich dir eine genaue Blut- und Stuhlanalyse machen zu lassen. Wichtig ist auch, dass du dir eine gute Qualität an Nahrungsergänzungsmitteln zuführst.

Ich nehme täglich Omega 3 Fettsäuren aus einem Bio Algen Öl zu mir. Die Fischölkapseln sind bereits zu hoch belastet mit Schadstoffen und nicht mehr

Claudia S. „Du bist dein Heiler"

empfehlenswert. Die Krillöl Kapseln könnte man als Alternative verwenden.

Zink kann der Körper nicht selbst bilden, ist aber wichtig für unser Immunsystem, daher nehme ich täglich 25 mg Zink.

Wir brauchen Magnesium für sehr viele Stoffwechselvorgänge im Körper und Nahrung/ Wasser enthalten mittlerweile zu wenig Magnesium. Daher nehme ich jeden Abend einen achtfach Komplex Magnesium. Du solltest nicht nur das Citrat nehmen, sondern einen Magnesiumkomplex.

Und abends deshalb, weil Magnesium die Muskeln weichmacht, tonisiert. Vor dem Sport solltest du auf keinen Fall Magnesium nehmen, hier brauchst du den Tonus der Muskulatur. Also das Magnesium immer erst nach dem Sport nehmen.

Vitamin C und ein Vitamin B Komplex zählen auch zu meinen täglichen Supplementierungen. B und C zählen zu den wasserlöslichen Vitaminen, die der Körper bei Überdosierung einfach ausscheidet.

Für meine Hirngesundheit nehme ich abends 1000 Mikrogramm Lithium. Um dich über dieses

Spurenelement besser zu informieren, empfehle ich dir Dr. Michael Nehls. Du findest einen Beitrag über Lithium von ihm im Internet.

Je nach Befinden teste ich öfters auch mit meinem Tensor andere Substanzen aus, von denen ich manche über einen gewissen Zeitraum nehme und dann wieder eine Pause mache.

Und ich trinke jeden Tag 1 Stamperl von meinem selbstgemachten Schwedenbitter, mit Wasser verdünnt.

Wie entgifte ich meinen Körper?

Zweimal im Jahr mache ich eine Entgiftungskur über zumindest 2 Monate. Ich verwende dafür das Vulkanmineral Zeolith, um mich von Schadstoffen zu befreien. Es dient der Stärkung der Darmwandbarriere, ist also auch hilfreich beim Leaky Gut Problem. Leaky Gut bedeutet eine durchlässige Darmwand zu haben. Außerdem

Claudia S. „Du bist dein Heiler"

unterstützt Zeolith die Entgiftung durch Bindung von Schwermetallen im Magen- Darm- Trakt.

Vor ein paar Jahren machte mir ein Darmparasit zu schaffen. Ich war müde und energielos und wurde immer dünner. In dieser Zeit bin ich auf das Buch von Dr. Andreas Kalcker „Gesundheit verboten" gestoßen. Ich machte eine dreimal 3-wöchige Kur mit CDL, meine Krankheitssymptome verschwanden, ich nahm wieder an Gewicht zu. Ich kann dieses Buch jedem empfehlen, der sich mit alternativen Heilmethoden auseinandersetzen möchte.

Claudia S. „Du bist dein Heiler"

Wasser, Quelle des Lebens

Je nachdem, woher du dein Wasser beziehst, ist es der Quell des Lebens oder kann auch gesundheitsbedenklich sein.

Unser städtisches Wasser ist mit über 500 pps von der Qualität her bereits mangelhaft, und vielfach befinden sich Hormone, zu hohe Nitratwerte, Schwermetalle und Medikamentenrückstände darin.

Ich bin dazu übergegangen, mein Wasser mit einer Osmose Anlage zu filtern. Nach der Filterung hat es nur noch 30 pps, wobei die Anlage leider auch die Mineralstoffe aus dem Wasser löst.

Deshalb mineralisiere ich mein Wasser im Anschluss mit den Steinen Bergkristall und Shungit. Auch meine Kaffeemaschine und mein Wasserkocher freuen sich über das entkalkte Wasser.

Am besten wäre natürlich frisches, klares Gebirgsquellwasser.

Claudia S. „Du bist dein Heiler"

Pro halber Stunde kannst zu ca. ein Viertel Wasser im Körper aufnehmen. Darum solltest du deine ca. 2 Liter Wasser am Tag über den Tag verteilt trinken.

Auf mein letztes Laster, das Bier, kann ich nicht ganz verzichten. Aber ich greife jetzt meistens zu Bio Bier, und nachdem ich bereits in den Fünfzigern bin, führe ich mir mit dem Bier auch natürliches Östrogen zu. In Maßen genossen schadet es dem Körper meiner Meinung nach nicht.

Weitere Tipps für ein erfülltes Leben

Nimm dir regelmäßig Zeit für dich. Frage dich „Was ist mir wichtig, was erfüllt mein Leben mit Sinn"?

Wenn wir keinen Sinn im Leben finden, macht uns das oft depressiv. Wir brauchen sinnvolle Aufgaben, einen Job, der uns Freude macht, Menschen, die uns guttun.

Claudia S. „Du bist dein Heiler"

Aber auch die kleinen Freuden im Leben können uns Sinn geben. Es sind die kleinen Glücksmomente im täglichen Leben, die das Leben so lebenswert machen.

Überleg dir, was dir guttut, schreib eine Liste mit Dingen, die du noch machen möchtest und vor allem, genieße den Augenblick.

Ich sitze jetzt gerade am Wasser unter einem Baum im Schatten, nehme das Rauschen des Windes wahr, die schönen Farben des Himmels und der Bäume, höre das Plätschern des Wassers und fühle mich im Fluss. Die Worte meiner Zeilen hier kommen aus meinem Innersten heraus. Ich bin voll bei mir und verbunden mit der Natur um mich herum.

Achte auf ausreichenden Schlaf, um dich zu regenerieren.

Seit ich mein Zirben Bett habe und eine sehr gute Matratze, die sich meinem Körper anpasst, freue ich mich jeden Tag aufs Schlafengehen. In der Früh

Claudia S. „Du bist dein Heiler"

solltest du dich erholt fühlen und nicht gerädert von der Nacht.

Umgib dich mit Menschen, die dir guttun.
Ich habe mich von den Energiesaugern in meinem Leben getrennt und bin umgeben von positiv denkenden Menschen, die mein Leben bereichern. Ich habe mir auch für meine Praxis Menschen gewünscht, die zu mir passen und die mir guttun und ich ziehe auch dort die für mich passenden Menschen an.

Liebe das was du tust.
Egal, was du gerademachst, versuche dich daran zu erfreuen, auch wenn es gerade lästige Hausarbeit ist.
Ich putze viel lieber mit guter Musik, so macht es für mich mehr Spaß.

Claudia S. „Du bist dein Heiler"

Sei geduldig mit dir selbst und mit anderen. Niemand ist perfekt und wir selbst sind es auch nicht. Mit Geduld geht vieles leichter und wir schonen unsere Nerven.
Ungeduld entzieht uns Energie.

Lache, so oft es geht. Auch, wenn es nur ein Schmunzeln ist.
Sobald du deine Lippen zu einem Lächeln hochziehst, signalisierst du deinem Hirn, dass es dir gut geht, und du bist sofort besser gelaunt. Und ein weiterer positiver Effekt ist, dass du damit auch deine Mitmenschen ansteckst.

Sei dir bewusst, dass alles im Leben vergänglich ist. Mit diesem Wissen kannst du den wunderbaren Augenblick des Jetzt viel besser leben. Lebe dein Leben intensiv und voller Freude und Dankbarkeit.

Minimiere den Gebrauch deines Handys auf das notwendigste. Manchmal, wenn Menschen mit starrem Blick aufs Handy die Straße entlang spazieren oder an der Bushaltestelle stehen, denk ich mir, wie traurig. Manche nutzen jede freie Minute, um irgendwas am Handy zu machen. Am schlimmsten finde ich es, wenn sich Menschen, anstatt sich zu unterhalten, am Tisch in ihr Handy starren.

Fahr jedes Jahr mindestens einmal irgendwohin, wo du noch nie warst. Das muss gar nicht weit weg sein. Entdecke neue Plätze, neue Orte, neue Menschen und erfüll dein Leben mit neuen Eindrücken und Abenteuern.

Ich liebe meine Reisen mit meinem Bus und Pauli. Jeder Tag ist ein neues Abenteuer und wir treffen jeden Tag neue, interessante Menschen. Reisen erweitert außerdem unseren Horizont. Wir lernen andere Kulturen, andere Lebensformen kennen.

Was ich z.B. in Süditalien gelernt habe und dann gleich für mich in Österreich integriert habe, war das nicht gleich beim Kennenlernen eines Menschen nach dem Beruf zu fragen. In Italien war ich die Claudia und niemand hat sich dafür interessiert,

Claudia S. „Du bist dein Heiler"

was ich beruflich mache. Zumindest nicht gleich beim ersten Kennenlernen. Hier in Österreich wird das gleich zu Beginn gefragt, und dann wird man ziemlich schnell schubladisiert.

Übe dich im bewusst Zuhören, wenn du im Gespräch mit jemanden bist. Lass den anderen ausreden und hör ihm aktiv zu. Wenn du schon, während der andere spricht, dir deine Gedanken im Kopf zusammenspinnst, bist du mit deiner Aufmerksamkeit schon nicht mehr bei der Sache.

Begegne dem anderen so, wie du dir selbst begegnen würdest. Übe dich in Mitgefühl und Toleranz.

Das war und ist für mich auch noch immer ein schwieriger Prozess, besonders, wenn ich da an die Corona Zeit denke, als ich missionieren wollte. Zwar aus einer guten Absicht heraus, aber es war auch ein rechthaben Wollen dabei. Das eigene Ego ist oft groß und steht einem gern im Weg. Ich versuche jetzt mehr die Gemeinsamkeiten zu finden und nicht auf das Spaltende zu blicken. Unterschiedliche Meinungen wird es immer geben, und das darf auch so sein. Wichtig ist es, dass jeder seine Meinung frei äußern darf.

Befreie dich von gesellschaftlichen Vorgaben, wie man als Frau oder Mann zu leben hat.
Davon kann ich ein Lied singen. Bis zu meinem 40. Lebensjahr musste ich mir ständig anhören, dass ich mir einen Partner suchen und eine Familie gründen solle. Auch der Weg in meine Selbstständigkeit wurde angezweifelt. Weil das Sicherheitsdenken in unserer Gesellschaft nach wie vor sehr dominiert.
Finde heraus, wer du bist und wie du leben willst. Da finde ich auch den Spruch „love it, leave it or change it" sehr gut.

Sei mutig und befreie deine Seele von der Angst. Du hast im Moment nur dieses eine Leben hier, geh raus, das Leben ist ein Abenteuer.

Claudia S. „Du bist dein Heiler"

Nimm dir Zeit für dich selbst, entdecke deine Wünsche. Verbinde dich mit deinem Bewusstsein und geh ins Vertrauen.

Versuche, das Alte loszulassen. Stell dir dabei vor, dass alles, was du nicht mehr brauchst, aus dir abfließt. Bis in deine Füße und von deinen Füßen in die Erde.

Claudia S. „Du bist dein Heiler"

Nachwort

Ich hoffe, ich konnte dir ein paar Möglichkeiten aufzeigen, um dein Leben selbstbestimmter, freier und gesünder zu leben.

Für mich bedeutet dieses Buch sehr viel. Meine Intention ist es, aktiv mitzuhelfen, dass sich die Menschheit aus ihren Fesseln befreit. Denk immer daran, dass wir so viel mehr sind, als uns gesagt wird. Wenn viele von uns raus aus der Dunkelheit und Angst ins Licht gehen, können wir so viel bewirken.

Ich träume weiterhin von einer Welt des Miteinanders, der Liebe und des Friedens.

Wenn dich mein Buch motivieren konnte, ein paar Dinge in deinem Leben zu verändern, freue ich mich, wenn du es mir auf shirlie2772@gmail.com schreibst.

Claudia S. „Du bist dein Heiler"

Vertrau dir und genieße dein Leben. Und wenn du gerade in Schwierigkeiten steckst, gib niemals auf. Es wird wieder besser, bestimmt!

Ich möchte mich noch bei meinen Eltern und meiner Schwester bedanken, die immer für mich da waren.

Danke auch an meine Großeltern, die bereits vom Himmel auf mich herunterlachen.

Danke an all die lieben Freunde da draußen und an meinen Seelenhund Pauli, dem treuesten Begleiter auf dieser Welt.

LA VITA E` BELLA :-)

Claudia S. „Du bist dein Heiler"

Zuletzt noch ein paar Infos zu meiner Person:

Geboren 1972 in Knittelfeld, 1990 in Admont maturiert
die VS Ausbildung an der Pädak Graz gemacht und 5 Jahre als Erzieherin gearbeitet
Pharmareferenten Ausbildung und 2 Jahre als Pharmareferentin gearbeitet
1 Jahr Englisch/ Italienisch studiert
5 Jahre Personalberatung für kaufmännische Berufe bei einem Personaldienstleister ausgeübt
FH für Physiotherapie in Graz abgeschlossen und seither als selbstständige Physiotherapeutin tätig und sehr dankbar und glücklich damit
Und viele Ausbildungen und Kurse nebenbei abgeschlossen.

Es soll ja spannend bleiben im Leben ☺
© 2024 Claudia S.
Verlag: BoD • Books on Demand GmbH, In de Tarpen 42, 22848 Norderstedt
Druck: Libri Plureos GmbH, Friedensallee 273, 22763 Hamburg
ISBN: 978-3-7597-3073-2